Anonym

Rechtsterrorismus in Deutschland

GRIN Verlag

Bibliografische Information der Deutschen Nationalbibliothek:

Die Deutsche Bibliothek verzeichnet diese Publikation in der Deutschen National-
bibliografie; detaillierte bibliografische Daten sind im Internet über http://dnb.d-
nb.de/ abrufbar.

Impressum:

Copyright © 2013 GRIN Verlag GmbH
Druck und Bindung: Books on Demand GmbH, Norderstedt Germany
ISBN: 978-3-656-92481-4

Dieses Buch bei GRIN:

http://www.grin.com/de/e-book/294690/rechtsterrorismus-in-deutschland

Rechtsterrorismus in Deutschland

Inhaltsangabe

1. Terrorismus

1.1. Terrorist oder Freiheitskämpfer (allgemein)

Terrorismus ist eine Bezeichnung für die strategische und planmäßige, politisch motivierte Gewalt durch radikale Gruppen. Sie hat das Ziel der Destabilisierung des politischen Systems durch die Verbreitung von Angst und Schrecken. Der Freiheitskämpfer wird von seinen Anhängern jedoch als Held gesehen, selbst wenn er Gewalt anwendet, wohingegen die andere Konfliktpartei ihn als Mörder, Unruhestifter oder Terrorist sieht.

Dies ist sehr gut am Beispiel Staufenbergs zu erklären, für die Nazis war Staufenberg ein Terrorist, da er einen Anschlag auf Hitler verübte. Doch für die gesamte freie Weltbevölkerung war er ein Freiheitskämpfer, der sich gegen das Nationalsozialistische Regime auflehnt.

Überspitzt und vereinfacht ausgedrückt liegt die Definition von Terrorismus/Freiheitskämpfer im Auge des Betrachters. Wenn der Freiheitskämpfer den Kampf gegen das Regime verliert ist er ein Terrorist, wenn er gewinnt ist er ein Befreier und wird gefeiert.[1]

1.2. Terrorismus, Definition in der Bundesrepublik Deutschland

In Deutschland erachten wir Personen oder Vereinigungen als terroristisch, wenn Sie verfassungsfeindliche politische Ziele verfolgen, also die Rechtsgrundlage unseres Staates angreifen. Das Bundesamt für Verfassungsschutz definiert Terrorismus wie folgt:

> „...*nach der Definition der Verfassungsschutzbehörden der nachhaltig geführte Kampf für politische Ziele, die mit Hilfe von Anschlägen auf Leib, Leben und Eigentum anderer Menschen durchgesetzt werden sollen, insbesondere durch schwere Straftaten, wie sie in § 129a Abs. 1 StGB*

---

[1] **Verfassungsschutz, o.V. (2013):** http://www.verfassungsschutz.de/de/service/glossar/_lT#terrorismus, (Abgerufen am 22.6.2013)

genannt sind, oder durch andere Straftaten, die zur Vorbereitung solcher Straftaten dienen".²

Da solche Vereinigungen ein hohe Bereitschaft zu Gewalt aufweisen, werden sie durch das StGB gegebenenfalls Verboten. Wenn dies nicht der Fall ist, werden sie, wenn sie eine Verfassungswidrige Haltung haben vom Verfassungsschutz überwacht. Hierbei werden Beweise gesammelt und bei verstoß gegen die Absätze wie folgt verboten.:

„Ein Verbot eines Vereins ist [...] möglich, wenn der Zweck der Tätigkeit des Vereins den Strafgesetzen zuwiderläuft oder sich gegen die verfassungsmäßige Ordnung oder den Gedanken der Völkerverständigung richtet. Erst wenn dies durch Verfügung der Verbotsbehörde festgestellt ist, wird [...] der Verein als verboten behandelt."
(http://www.verfassungsschutz.de/de/service/glossar/_IT#terrorismus)

„Über die Frage der Verfassungswidrigkeit einer Partei entscheidet das Bundesverfassungsgericht[...].Parteien sind verfassungswidrig, wenn sie nach ihren Zielen oder nach dem Verhalten ihrer Anhänger darauf ausgerichtet sind, die freiheitliche demokratische Grundordnung zu beeinträchtigen oder zu beseitigen oder den Bestand der Bundesrepublik Deutschland zu gefährden. Es genügt nicht, wenn die Partei die freiheitliche demokratische Ordnung nicht anerkennt, sie ablehnt oder ihr andere Prinzipien entgegenhält. Es muss vielmehr eine aktiv-kämpferische, aggressive Haltung gegenüber der bestehenden verfassungsmäßigen Ordnung hinzukommen." ³

Im Gegensatz zum „Rechten" Terrorismus zielt der linke Terror auf Personen der Staatlichen Ordnung, meist wird auf ihre Vertreter bei Anschlägen gezielt. Religiös motivierter Terror zielt wiederum gegen alle Menschen, hierbei gibt es keine besonderen Ziele. Ihre selbst aufgegriffene „Aufgabe" ist die Abspaltung ihrer Kultur,

---

2   **Ebd.:** http://www.verfassungsschutz.de/de/service/glossar/_IT#terrorismus, (Abgerufen am 22.6.2013)

3   **Verfassungsschutz, o.V. (2013):** http://www.verfassungsschutz.de/de/service/glossar/_IT#terrorismus, (Abgerufen am 22.6.2013)

wobei sie dies in Form von Terror erlangen wollen. Rechtsorientierter Terror hingegen zielt gegen besondere Menschen, nicht gegen Vertreter der Politik, sie unterstützen ja den autoritären Staat. Sie richten sich geradewegs auf semitische Ziele und die Gedenkorte des zweiten Weltkriegs. Der „Rechte Terror" vertritt den „vigilantistischen Terror", das bedeutet ihr Ziel ist nicht eine Schwächung des Staats sondern eine gezielt „rechts" orientierte Stärkung des autoritären Staates.[4]

1.3. Wie entsteht Terrorismus

Der erste Schritt eines Menschen, der in die Arme des Terrorismus fällt ist die Unzufriedenheit mit der gesellschaftlichen Situation. Gerade sozial schwache Gruppen sind anfällig für den Terrorismus. Die Suche nach einem Grund für das eigene Versagen lenkt meist einen Menschen zu extremem Gedankengut. Es wird nach Lösungen und Auswegmöglichkeiten gesucht, dabei wird man gerne auf politische oder religiöse Agitatoren aufmerksam. Dieser verspricht womöglich Besserung durch Widerstand und Kampf, und so entsteht Gewaltbereitschaft und die Empfänglichkeit für den Terror. Die „Unruhestifter" (oder „Aktivisten") lenken diese geballte Wut dann gegen ein von ihnen ausgewähltes Ziel.[5]

1.4. Was will Terrorismus bewirken

Terrorismus will durch Gewalt eine akute Besserung eines von ihm angesehen problematischen Ziels bewirken. Sie wollen auf ihre politischen moralischen oder auch religiösen Anliegen aufmerksam machen und etwas verändern, selbst wenn dies mit Hilfe von Gewalt geschehen muss. Terrorismus zielt auf die Destabilisierung der angegriffenen Gegenpartei, die Absicht liegt darin durch Störung im Sinne von Angst und Schrecken ihren inneren Zusammenhang zu schwächen und damit ein Entgegenkommen durch Einlenken zu erzeugen.[6]

---

[4]   Vgl.: Wikipedia, o.V. (2013): Terror, http://de.wikipedia.org/wiki/terror, (Abgerufen am 22.6.2013)

[5]   Vgl.: Wikipedia, o.V. (2013): Terror, http://de.wikipedia.org/wiki/terror, (Abgerufen am 22.6.2013)

[6]   Ebd.: http://de.wikipedia.org/wiki/ Terror, terror, (Abgerufen am 22.6.2013)

2. Was bedeutet „rechts" und „rechtsextrem

2.1. Begriff „politisch rechts"

Der Begriff „Rechts" und „Links" stammt aus Frankreich, es wird abgeleitet aus der parlamentarischen Sitzordnung von 1830. Der linke Flügel steht mehr für das liberale bis sozialistische Gesellschaftssystem, wohingegen der rechte Flügel mehr für das konservative, bürgerliche und hierarchiegeprägte Gesellschaftssystem steht.[7]

2.2. Faschismus und Nationalismus

Als Faschismus bezeichnet man eine stark rechtsorientierte Weltanschauung die sich auf ein extremes, totalitäres, autoritäres und nationalistisches Gesellschaftssystem stützt. Als Faschisten werden oft rechtsextreme Anhänger bezeichnet die einen übersteigerten Sinn für Heimatliebe und für ein totalitäres und autoritäres System haben.[8]

2.3. „politisch rechts", Besonderheit in Deutschland

In diesem Zusammenhang muss man das deutschen Verständnis bezüglich „Rechts" und „Rechtsextrem" beachten. Durch die jüngste deutsche Vergangenheit ist schon der Begriff „Rechts" sehr eng an Rechtsradikal gerückt und wird sofort mit nationalistisch assoziiert. Im ursprünglichen Sinne gemäßigt politisch rechts stehende Kräfte werden daher in Deutschland meist nur mit „bürgerlich" oder „konservativ" umschrieben.[9]

In anderen Ländern, wie Frankreich oder den USA, wird unter „rechts" lediglich eine republikanisch konservative Haltung verstanden. Der Begriff ist außerhalb Deutschlands bei weitem nicht so negativ belegt und wird weit weniger vorsichtig benutzt.[10]

Daran wird deutlich, wie schwer es ist eine genaue Definition zu schaffen. In jedem Land werden die Begriffe „Rechts" und „Rechtsradikal" anders benutzt und gewertet. Eine Generalisierung und Übertragung ist nicht möglich.

---

7   Vgl.: Wikipedia, o.V. (2013): Rechts, http://de.wikipedia.org/wiki/rechts, (Abgerufen am 22.6.2013)

8   Vgl.: Wikipedia, o.V. (2013): Faschismus, http://de.wikipedia.org/wiki/faschismus, (Abgerufen am 22.6.2013)

9   Vgl.: Wikipedia, o.V. (2013): Rechts, http://de.wikipedia.org/wiki/rechts, (Abgerufen am 22.6.2013)

10   Vgl.: Wikipedia, o.V. (2013): Rechts in anderen Ländern, http://de.wikipedia.org/wiki/rechts, (Abgerufen am 22.6.2013)

2.4. Rechte Parteien und Gruppierungen in Deutschland

Es gibt Gruppierungen in der Gesellschaft die im bei uns gebräuchlichen Sinne als „rechts" und sogar als „rechtsextrem" gelten. Sogenannte Burschenschaften (Studentenverbindungen) sind oft streng Hierarchisch aufgebaut, sie sehen sich als die Elite der Deutschen Gesellschaft. Hierbei werden sie oft mit „Rechtextremen" Gruppen in Verbindung gebracht, durch ihre totalitär Autoritäre führungsweise. Es wird ihnen daher eine „Rechte" Neigung zugewiesen, es wurde auch schon aus Seiten der Regierung Beschwerden vorgelegt, da sie angeblich von „Rechtsextremisten" unterwandert wurde. Das grundliegende Problem mit den Studentenverbindungen ist, dass sich die Intellektuelle Schicht von „rechten" Motiven beeinflussen lässt. Anwälte, Richter, Ärzte die Soziale Oberschicht wird von leicht „rechts" motiviertem Gedankengut beeinflusst.[11]

Die DVU, die Deutsche Volks Union wurde als Verein gegründet, sie expandierte zu einer Partei und erzielte den bislang höchsten Prozentsatz einer Rechtsmotivierten Partei auf Landesebene. Sie fusionierte mit der NPD, so entstand eine noch größere Bandbreite an Rechtsaktivisten in einer Partei.[12]

Die FAP, Freiheitliche Deutsche Arbeiterpartei wurde von Bundesverfassungsgericht nicht als zugelassene Partei bestätigt, sondern nur als Verein zugelassen. Somit wurde sie Laut der Gesetzlichen Bestimmung für Vereine verboten.[13]

Freie Kameradschaften haben ein hohes Potenzial an Gefährlichkeit, sie agieren nicht als Vereine oder Parteien und sind deswegen schwer greifbar. In einem Zivilgerichtlichen Verfahren müssten deswegen alle angeklagten namentlich verurteilt werden. Sie sind sehr eng vernetzt, sie sehen sich als „nationalen Wiederstand".[14]

Es gab auch sehr offensichtlich agierende Vereinigungen, die Wehrsportgruppen. Dies waren Vereinigungen die die Militärischen Organe anzweifelten und selbst Militärische Übungen ausführten. Insbesondere die Wehrsportgruppe Hoffman, sie wurde vom

---

11   Vgl.: **Wikipedia, o.V. (2013):** Rechtsterrorismus, http://de.wikipedia.org/wiki/rechtsterrorismus, (Abgerufen am 22.6.2013)

12   Vgl.: **Wikipedia, o.V. (2013):** NPD, http://de.wikipedia.org/wiki/npd, (Abgerufen am 22.6.2013)

13   Vgl.: **Wikipedia, o.V. (2013):** FAP, http://de.wikipedia.org/wiki/fap, (Abgerufen am 22.6.2013)

14   Vgl.: **Wikipedia, o.V. (2013):** Freie Kameradschaft, http://de.wikipedia.org/wiki/freie_kammeradschaft, (Abgerufen am 22.6.2013)

Bundesverfassungsgericht als Verfassungswiederich eingestuft und anschließend verboten.

Die Gleichsetzung von Skinheads und Neonazis ist Schicht weg falsch. Skinheads sind soziale Außenseiter, sie gelten als gewaltbereite Gruppierung. Die Skinheadszene vertritt nicht unbedingt „Rechtsextreme" ziele, durch die äußeren Merkmale wie ihre kahlen geschärten Köpfen, Stiefel (Boots) und Bomberjacken ist ihr Auftreten oft assoziiert mit Neonazis. Das kommt daher, da Neonaziveranstaltungen oft von Skinheads begleitet werden, um sie als „Schlägertrupp" bereitzuhaben. Sie werden als rein visuelle Provokation engagiert. Sie spielt die funktionelle Rolle wie die SA für die Sozialsozialsozialistische Führungsschiene im dritten Reich.

3. Rechtsterrorismus

Der Begriff Terror ist in Deutschland sehr stark links Geprägt, durch die Anschläge des deutschen Herbsts, wurde klar wie angreifbar unsere Gesellschaft ist. Diese schlimme und absolut katastrophale Terrorzeit prägt den Begriff in Deutschland, obwohl auch der „Rechte" Terror und der Religiös motivierte Terror mit wachsamem Auge zu beachten sind.[15] [16]

Es gibt bekannte „rechts" Motivierte Anschläge, wie zum Beispiel die NSU Morde, die Morde in Solingen und Mölln. Jedoch muss bedacht werden das es noch viel mehr Morde gab, die jedoch nicht so sehr hervorgehoben sind. Laut dem Innenministerium, sollen im Zeitraum 1990-2010 bis zu 60 Menschen dem „Rechten" Terror zum Opfer gefallen sein. Andere unabhängige Studien Berichten jedoch von tragisch höheren Zahlen, es soll bis zu 183 Morde im gleichen Zeitraum gegeben haben. Den verschiedenen anzahlen der Morde zufolge, muss es unterschiedliche Definitionen eines „Rechten" Mords geben. Das Innenministerium sah „Homosexuellenmorde" und Morde an „Obdachlosen" bis dato 2001 nicht als Morde des „Rechten" Terrorismus motiviert an. Nach dem die tragisch höheren Mordzahlen veröffentlicht wurden änderten sie ihr Spektrum, der Suche nach „Rechten" Terroristen und Morden. Doch definiert jede Studie „rechte" Morde anders, die Regierung sieht sie nur dann wenn sie politische

---

15   Vgl.: **Verfassungsschutz, o.V. (2013):** http://www.verfassungsschutz.de/de/service/glossar/_IR, (Abgerufen am 22.6.2013)

16   Vgl.: **Wikipedia, o.V. (2013):** Terrorismus, http://de.wikipedia.org/wiki/terrorismus, (Abgerufen am 22.6.2013)

Motive haben, wohingegen für andere die Tatsache genügt wenn ein „Rechter" einen Mord begeht.[17]

1960

Nach dem Niedergang der „Rechtsextremistischen" Gruppierung „Nationaldemokratische Partei Deutschlands" NDP als Wahlpartei, nach dem nicht gelungenen Einzug 1969 in den Bundestag häuften sich Fanatiker und häufige Gewalttäter aus dem Umfeld „Rechtsextremer" Parteien.Dadurch wurde von zwei NPD Mitgliedern 1969 die EBF(Europäische Befreiungsfront) gegründet. Sie galten als „Kampfgruppe gegen den Kommunismus", sammelten deshalb Waffen und Sprengstoff für Attentate, die kurz vor der Ausführung gestoppt werden konnten.[18]

1970

Es entstand die „Nationale Deutsche Befreiungsunion", die als neue NSDAP galt und die Ostpolitik der Regierung bekämpfen wollte. Es wurden Anschläge auf die DDR und die Sowjetunion geplant, die wiederum gestoppt und niedergeschlagen werden konnten.

Wiederum wurde 1972 eine neue Kampfgruppe gegründet, diesmal von einem Waldarbeiter, die NSKG (nationalistische Kampfgruppe Großdeutschland). Sie besaßen große Mengen an Waffen und Sprengstoff, jedoch wurden sie ebenfalls vor der Durchführung gefasst.[19]

Die Gruppe „Otte" war anfangs der siebziger Jahre eine Verbindung die mit Anschlägen Prozesse von „Rechtsterroristen" verhindern wollten. Sie wurden nach einer Bombenzündung vor einem Gerichtsaal gefasst, noch bevor sie einen Anschlags an einer Synagoge durchführen konnten.[20]

Es gab in den siebziger Jahren noch Zahlreiche „Rechte Terrorakte" wie die „Wehrsportgruppe Rohwer" die ein Denkmal einer KZ Anlage Sprengen wollte.

---

17   Ebd.: http://www.verfassungsschutz.de/de/service/glossar/_IR, (Abgerufen am 22.6.2013)

18   Vgl.: Wikipedia, o.V. (2013): EBF, http://de.wikipedia.org/wiki/ebf(Abgerufen am 22.6.2013)

19   Vgl.: Wikipedia, o.V. (2013): NSKG, http://de.wikipedia.org/wiki/nskg (Abgerufen am 22.6.2013)

20   Vgl.: Wikipedia, o.V. (2013): Otte, http://de.wikipedia.org/wiki/otte (Abgerufen am 22.6.2013)

Außerdem gab es die „Werwolfgruppe Stubbmann" mit einem bekannten Neonazi Funktionär.[21]

1973 wurde die „Wehrsportgruppe Hoffmann" gegründet, eine für „Rechtsextremisten" geeignete Verbindung die für die Bewaffnete Befreiung des Deutschen Staats einstand. Es ließ sich ihr nie eine genaue Leitung einer „Terroristischen gruppe" nachweisen.[22]

1980

3.1. „Deutsche Aktionsgruppen"

Es galt als Zeitalter des Rechtsterrorismus, es war die sogenannte Hochphase „Rechter Extremisten" Die Anschlags Intensität nahm stark zu, gerade durch Zusammenschlüsse wie die „Deutsche Aktionsgruppe". Der Leiter wanderte ins Gefängnis, da er „rechtsextremes" Propaganda Material verbreitete und Publizierte. Die „Aktionsgruppe" fasste in der „rechtsextremen" Szene fuß, es gliederten sich Anhänger an die zwei Brandanschläge sowie fünf Sprengstoffanschläge ausführten. Es Richtete sich gegen Asylheime sowie eine Ausstellung von Ausschwitz, aber auch gegen den Landrats Vorsitzenden der dies veranlasste. Wenige Zeit später geling es der Polizei die Hauptpersonen der „Aktionsgruppe" zu stellen, sowie mehrere Mittäter.[23]

3.2. „Hepp-Kexel-Gruppe"

Ein wichtiges Beispiel für den „Rechtsorientierten" Terrorismus , in seiner Hochphase is die Hepp-Kexel-Gruppe. Sie bestand aus den zwei Gründern, die sich vorher in der „Wehrsportgruppe Hoffmann" und in der „Volkssozialistischen Bewegung Deutschlands" zu ihrer „rechtsmotivierten" Neigung bekannten. Eine der Hervorzuhebenden Besonderheiten der Hepp-Kexel-Gruppe war, das sie gegen den Hitlerismus war. Dies bedeutet, sie war ein klarer Verfechter der Meinung es würde dem „Rechten „ Gedankengut schaden Hitler „Gottgleich" zu stellen. Außerdem waren

21   Vgl.: **Wikipedia, o.V. (2013):** Wehrsportgruppe-Rohrwehr, http://de.wikipedia.org/wiki/wehrsport_gruppe_rohrwehr (Abgerufen am 22.6.2013)

22   Vgl.: **Wikipedia, o.V. (2013):** Wehrsportgruppe-Hoffmann, http://de.wikipedia.org/wiki/wehrsport_gruppe_hoffmann (Abgerufen am 22.6.2013)

23   Vgl.: **Wikipedia, o.V. (2013):** Deutsche-Aktionsgruppen, http://de.wikipedia.org/wiki/deutsche_aktionsgruppen (Abgerufen am 22.6.2013)

sie Vertreter des „linken" Flügels der NSDAP. Sie gingen Koalitionen gegen den „Amerikanismus". [24]

Die „H-K-Gruppe" ging sogleich ihrem Feindbild entsprechen zu Anschlägen über, zum Beispiel gegen Angehörige des US-Militärs. Kexel beging nach seiner Verurteilung Suizid, wohingegen Hepp erst viel später gefasst werden konnte.[25]

3.3. Oktoberfest Attentat

Der Mordanschlag beim Oktoberfest 1980 war ein Bombenattentat, die „Nagelbomben" die sich in einem Feuerlöscher Befand war als Rohrbombe gebaut. Es gab 13 Tote, 211 Schwerstverletzte und mehrere Menschen mit Beinamputationen und/oder schwersten Behinderungen. Es gilt als ein Terroranschlag der „rechten" Szene, wobei sich mehrere dazu bekannten. Aus ermittlungskreisen kam hervor das es sich Um einen Einzeltäter handle, der bei der Explosion getötet wurde. Er konnte nur anhand seines Personalausweises identifiziert werden, er galt als „Rechtsradikaler" verbitterter und Isolierter Mitmensch. Es bekannten sich doch noch mehrere andere „Rechtsradikale" zu diesem Anschlag. Ein V-Mann des Verfassungsschutzes, soll in Anwesenheit des Gründers der „Wehrsportgruppe" Hoffman ein Geständnis abgelegt haben mit den Worten „Ich kann nicht nach Deutschland zurück, wir waren es." Ein anderer soll es nach einem Amoklauf Geiseln gestanden haben, nachdem er sich dann Suizid beging.[26]

3.4. Roststock, 1992

Mehrere hundert „Rechtsradikale" Täter griffen ein Asylbewerberheim mit Steinen, Molotowcocktails und Feuerwerkskörpern. Die Polizei bekam die Lage nicht unter Kontrolle und musste die Asylanten in Bussen abtranzportieren. Schaulustige bekannten sich offen als Sympathisanten des Anschlags.[27]

---

24   Vgl.: Wikipedia, o.V. (2013): Oktoberfest Attentat, http://de.wikipedia.org/wiki/Oktoberfest_Attentat, (Abgerufen am 22.6.2013)

25   Ebd.: http://de.wikipedia.org/wiki/Oktoberfest_Attentat, (Abgerufen am 22.6.2013)

26   Vgl.: Wikipedia, o.V. (2013): Oktoberfest Attentat, http://de.wikipedia.org/wiki/Oktoberfest_Attentat, (Abgerufen am 22.6.2013)

27   Vgl.: Wikipedia, o.V. (2013): Rostock, http://de.wikipedia.org/wiki/Rostock, (Abgerufen am 22.6.2013)

3.5. Mölln, 1992

Hierbei handelt es sich erneut um einen Mord/Brand- anschlag der „Rechtsradikalen"
Szene. Die zwei Täter verübten an einem Abend in zwei von türkischen Mitbewohnern
bewohnten Häusern Brandanschläge. Im ersten Haus wurde hierbei niemand verletzt,
beim zweiten Anschlag ermordeten die Täter drei Türkische Frauen, darunter befanden
sich zwei Kinder. Sie wurden des dreifachen Mordes und des siebenfaches versuchten
Mordes angeklagt. Die Täter bekannten sich zu ihrer Tat schon wenige Minuten danach,
sie schlossen ihren Anruf mit „Heil Hitler", und zeigten somit ihre Öffentliche
Bekenntnis zu den Morden.[28]

3.6. Solingen, 1993

Ein weiteres bekanntes Beispiel ist der Mord/Brand- anschlag in Solingen, hierbei
haben vier Täter ein Wohnhaus in Brand gesetzt. Sie wurden des fünf fachen Mordes,
des 14 versuchten Mordes und der schweren Brandstiftung angeklagt. Die vier
Angeklagten setzten das von türkischen Mitbewohnern bewohnte Haus in Brand. Der
Anschlag gilt als eine „Rechts" Terroristische Maßnahme der Neonaziszene und ist
deshalb besonders schlimm, da den vier angeklagten bekannt war, dass sich mehrere
Kinder im Haus aufhielten.[29]

3.7. 2003 und 2004 „Freikorps Havelland"

Es war vorerst eine Gruppe Jugendlicher die sich an Militärischen Übungen vergnügte
(ohne echte Waffen). Nach und nach kamen Uniformteile, sowie echte Waffen ins speil.
Es wurde eine Reichskriegsflagge gehisst und Nationalsozialistische Musik gehört. Zu
ihrer Vorbereitung gehörten Fahrübungen, sowie das Auskundschaften von
Fluchtwegen und Zielübungen. Sie verübten neun Anschläge bei denen immer auf
Imbissbudenbesitzer des Asiatischen- oder Türkischenraums gezielt wurde. Es wurde
strikt darauf geachtet keine Verletzten oder toten Hervorzurufen. Hervorzuheben ist das
es elf 15-19 Jährige waren die sich daran beteiligten, also eine extrem Junge
Gruppierung „rechtsextremistischer" Gewalttäter.[30]

---

28   Vgl.: Wikipedia, o.V. (2013): Mölln, http://de.wikipedia.org/wiki/Mölln, (Abgerufen am 22.6.2013)

29   Vgl.: Wikipedia, o.V. (2013): Solingen 1993, http://de.wikipedia.org/wiki/Solingen, (Abgerufen am 22.6.2013)

30   Vgl.: Wikipedia, o.V. (2013): Freikorps Havelland, http://de.wikipedia.org/wiki/Freikorps Havellande, (Abgerufen am 22.6.2013)

3.8.   2003 „Schutzgruppe"

Die „Schutzgruppe" ist eine Vereinigung von Personen die auf der Suche nach einer Neonazistischen Kameradschaft waren. Hierbei handelte es sich um fünf Männer und drei Frauen, diese Planten zum Bespiel die Durchführung eines Anschlags an der Grundsteinlegung eines Jüdischen Gemeindezentrums in München. Mehrere dieser Personen waren schon vorher im Zusammenhang mit Straftaten bekannt.[31]

3.9.   Morde des Nationalsozialistischen Untergrundes, der NSU 2000-2007

Die NSU Terrorzelle operierte nicht öffentlich und bekannte sich weder mit Symbolen oder Erklärungen zu ihren Taten, deswegen wurden sie auch die „Rechtsterroristen aus dem Verborgenen" genannt. Sie ermordeten im besagten Zeitraum mindestens zehn Menschen. Polizeiliche Ermittlungen gingen dato 2010 noch von Mafia Schutzgelderpressungen aus, da es keinerlei Hinweise auf „Rechtsterroristische" Hingebung gab. Als es erste Hinweise gegenüber „Rechter" Gewalttaten gab, erschoss Uwe Böhnhardt Uwe Mundlos nach einer Verfolgungsjagd nach einem Banküberfall in einem Wohnwagen. Er entzündete den Wohnwagen und beging dann Suizid. Sie gehörten dem „Thüringer Heimatschutz" an, der Östlichen Neonazi Szene. Nach einer Hausdurchsuchung in den 90er Jahren Planten Beate Zschäpe, Uwe Mundlos und Uwe Böhnhardt das Untertauchen was ihnen bis dato Ende 2011 gelang. Regionale Banküberfälle und spenden ließen sie ihren Alltag finanzieren. Spätestens 2000 war der Entschluss an den Morden von Menschen mit Migrationshintergrund gefasst. Beim Polizistenmord des Männlichen Duos, ging es einzig und allein um die Dienstwaffen der Polizisten. Man fand nach dem erwähnten Selbstmord der Männer eine DVD mit der Aufschrift „Der Nationalsozialistische Untergrund ist ein Netzwerk von Kameraden mit dem Grundsatz - Taten statt Worte…" im in Brandgesetzten Haus von Beate Zschäpe. Sie stellte sich nach einiger Zeit der Polizei.

Im verlaufenden Prozess wird anklage auch gegen mehrere andere versuchte Morde erhoben, was bis dato aber noch nicht Polizeilich bestätigt werden konnte.

---

31   **Vgl.: Wikipedia, o.V. (2013):** Schutzgruppe, http://de.wikipedia.org/wiki/Schutzgrupe, (Abgerufen am 22.6.2013)

Im eigentlichen Sinne kann man diese Verbindung von „Rechtsextremisten" in meiner Definition nicht als Terrorzelle sehen. Laut meiner eigenen Auffassung und meiner wie oben erwähnten Definition ist Terrorismus ein Akt der mit Veröffentlichung und mit Medialer Präsenz zur Verfolgung ihrer Ziele arbeitet. Jedoch galten sie, wie schon ihr Name aussagt als Untergrund. Sie erreichten keine Form der Präsenz und verfolgten dieses Ziel hingegen ihrer Terrorbezeichnung nicht.

4. Diskussion um Polizei und Verfassungsschutz

Eine Schwierigkeit von Polizei und Verfassungsschutz liegt darin, dass Polizeiliche Daten sowie Daten des Verfassungsschutzes zweckgebunden sind. In Karlsruhe wurde in jüngster Vergangenheit ein Urteil gegen die Zusammenarbeit ohne klare Regelung im Verfassungsschutzgesetz erhoben. In den letzten Jahren verschwimmt die Grenze der Arbeit des Verfassungsschutzes und der Polizeilichen Arbeit immer mehr, die Aufgaben und Befugnisse nähern sich immer mehr an, hierbei kommt die Frage des Trennungsgebots von Verfassungsschutz und Polizei auf. Es geht darum staatliche Kontrolle so aufzuteilen dass eine vollständige Überwachung von Personen in unserer Gesellschaft nicht möglich ist.

Hierbei wird immer wieder die Frage aufgeworfen, das der Verfassungsschutz auf dem rechten Auge „blind" sei. Hierbei kann man sich klar auf eine Satire des NDR beziehen, es gibt jedoch eine Vielzahl anderer, die dieselbe Behauptung aufstellen. Man muss aber klar sehen, dass es auch gegenteilige Berichterstattungen (Bsp. VOKUS) gibt. Es gibt, was man klar miteinbeziehen muss, keine klaren Beweise für eine gesamtheitliche „Blindheit auf dem rechten Auge" des Verfassungsschutzes, auch wenn das von Gegenparteien oft behauptet wird. Eine solche Behauptung aber wäre eine reine Unterstellung und nicht gewichtend in einer Aussage gegen das System des Verfassungsschutzes.

Beispiel des VOKUS, in der jegliche Behauptung von einer „Blindheit auf dem rechten Auge" zurückgewiesen wird.

Quellenangaben

http://www.blz.bayern.de/blz/eup/01_12/5.asp (Donnerstag 20, Juni 2013, 20-23 Uhr)

http://www.taz.de/!116902/)

http://www.focus.de/politik/gastkolumnen/wolffsohn/pannen-der-behoerden-bei-nsu-
mordserie-warum-deutsche-ermittler-auf-dem-rechten-augen-nicht-blind-
sind_aid_988203.html)

http://www.ndr.de/fernsehen/sendungen/extra_3/videos/extra3657.html)

http://www.sueddeutsche.de/politik/rechtsterrorismus-in-deutschland-
verfassungsschutz-warnt-vor-nsu-nachahmern-1.1693470)

http://www.verfassungsschutz.de/de/service/glossar/_lT#terrorismus)

http://www.verfassungsschutz.de/de/service/glossar/_lR

http://www.verfassungsschutz.de/de/service/glossar/_lF#fremdenfeindlichkeit

http://www.bild.de/themen/organisationen/braunearmeefraktion/rechter-terror-in-
deutschland-nachrichten-news-fotos-videos-20993484.bild.html

http://dip21.bundestag.de/dip21/btd/17/109/1710955.pdf

http://de.wikipedia.org/wiki/Liste_von_Todesopfern_rechtsextremer_Gewalt_in_Deutsc
hland#1994(

http://de.wikipedia.org/wiki/Mordanschlag_von_M%C3%B6lln

http://www.sueddeutsche.de/politik/rechtsextreme-anschlaege-in-deutschland-wenn-
neonazis-zuschlagen-1.1647363-5

http://de.wikipedia.org/wiki/Oktoberfestanschlag

http://de.wikipedia.org/wiki/Rechtsterrorismus

http://de.wikipedia.org/wiki/Mordanschlag_von_Solingen

http://de.wikipedia.org/wiki/Wehrsportgruppe

http://de.wikipedia.org/wiki/Skinhead

http://de.wikipedia.org/wiki/Freiheitliche_Deutsche_Arbeiterpartei

http://de.wikipedia.org/wiki/Radikalismus

http://www.sueddeutsche.de/politik/rechtsextreme-anschlaege-in-deutschland-wenn-neonazis-zuschlagen-1.1647363-4

http://de.wikipedia.org/wiki/Mensur_(Studentenverbindung)

http://de.wikipedia.org/wiki/Urburschenschaft

http://de.wikipedia.org/wiki/Politische_Rechte_(Politik)#Historische_Herleitung

http://de.wikipedia.org/wiki/Meritokratie

http://www.verfassungsschutz.de/de/arbeitsfelder/af-rechtsextremismus/was-ist-rechtsextremismus (Montag 16, Juni 2013, 8-16 Uhr)

http://www.verfassungsschutz.de/de/service/glossar/anti-terror-datei-atd

http://www.ub.uni-frankfurt.de/musik/tfm/zitate/Zzitat.html